JN436576

여전히 푸르고

여전히 푸르고

곽 우 희 시집

오늘의문학사

시인의 말

등단 삼십년이다.
드러난 상처의 고통으로 몸부림치면서도
모두를 침묵하고 싶었다.
이제 엄마의 자리도
비켜설 수 있을 만큼 세월이 흘렀다.

긴긴 세월
등단의 원초적 디딤돌이 되었고
무던히도 지켜주고 투정을 받아준 동행을
더 이상 가둬두고 숨겨 둘 수 없어
모음집으로 내어 놓는다

그 동안 성원해준 분들에게
깊은 감사를 표한다.

차례

■ 시인의 말 … 13

1부 연둣빛 아침

십칠호 이급 …… 21
땡볕 …… 22
보랏빛 그림 …… 24
교명이 바뀌고, 교정이 바뀌어도 …… 26
아리조나 교회놀이터 …… 28
한껏 웃었다 …… 29
꽃이 된 뜨락 …… 30
꽃소식 …… 31
목련木蓮 …… 32
부호符號 …… 34
봄강 …… 35
봄 싣고 가는 중 …… 36
봄 오는 길 …… 37
목련이 툭툭 터지면 …… 38
초록사랑 …… 40
살구 …… 41
연분홍 봉투 …… 42
봄의 미소 …… 43
그날의 언약 …… 44
전화벨소리 …… 45
사랑의 젓줄 …… 46
연둣빛 아침 …… 47
생일선물生日膳物 …… 48
계족산 일출日出 …… 49
창넘은 햇살 …… 51

2부 나의 간이역

단비 ······ 55
갑냇물 ······ 56
품 ······ 57
옥녀봉玉女峰 쉼표 ······ 58
가로막는 복병伏兵 ······ 60
불면不眠이 족쇄足鎖 ······ 61
런던 가는 길 ······ 62
나의 간이역 ······ 65
이방인異邦人 ······ 66
열대야의 밤 ······ 68
욕조浴槽에서 ······ 70
눈물이 출렁인다 ······ 72
목련꽃 망울 ······ 73
텃밭 먹거리 ······ 74
유성장터 ······ 76
등꽃 ······ 78
한밭의 저수지 ······ 79
바다의 얼굴 ······ 80
대여점 ······ 82
새옷 입은 듯 ······ 84
신도시 실개천 ······ 86
종무지 시비宗武志 詩碑 ······ 88
바다의 해 ······ 90
석이 어멈 ······ 91
찰현의 음율 ······ 92

3부 그때 그 말씀

섬 ········ 95
그때 그 말씀 ········ 96
노을 ········ 97
그 향이 그립다 ········ 98
솔잎에 가랑잎 ········ 100
노을 품은 바다 ········ 101
가을 길에서 ········ 102
동거 ········ 104
곰발바닥 ········ 105
새치 ········ 106
가을 날 만나거든 ········ 108
오늘도 비가 내리고 있다 ········ 110
가을 하늘 초생달 ········ 111
아버지의 만추 ········ 112
불혹이요 이순 ········ 113
그 가을 저녁으로 가는 길 ········ 114
가을 정원 ········ 116
일기 예보日氣 豫報 ········ 118
눈물이 때로는 약 ········ 119
남해南海 ········ 120
세월 먹은 값 ········ 122
시인詩人 ········ 123
변종 바이러스 ········ 124
그런 복福을 허락한다면 ········ 125
모두가 동질 ········ 126

4부 문자를 보내고 싶다

문자를 보내고 싶다 131
광장 132
낙엽의 노숙 133
나의 여리고 성 134
내 고향 옛집 136
고란사 고란초 138
노란 민들레 140
돋보기 142
배웅 144
징검다리 146
보고 싶다 148
어디로 가는 건가요 149
아련하건만 150
숲에 두고 152
영혼의 소리 154
어느 묘비 앞에서 155
물금의 경계 156
쉼터 157
고향눈 158
동지冬至 160
너 161
슬픈 계절 162
그 사람 163
실성한 듯 넘는다 164
여전히 푸르고 165

1부

연둣빛 아침

십칠호 이급

수은주가 섭씨 삼십오륙도를
오르내리는 여름의 중턱이다

바람도 숨죽어
나무이파리 한 잎 까딱하지 않는다

불볕의 한낮, 그림자도 숨어버린 정오

땡볕에 익을 대로 익어 하얗게 질린
부석부석한 학교운동장에
몇몇의 아이들

순간, 내 안에 또 하나의 내가
잽싸게도 튀어나와 운동장 아이들 곁에
목각木刻처럼 서 있다

십칠호 이급, 병아리 선생

질기게도 세월 굽이굽이 돌고돌아
아직도 저렇게 서 있다.

땡볕

여름 휴가가
한참인 한여름 중턱
정부 출연 기관의 조합 아파트의 한낮
아이들과 젊은이가
거의 눈에 띄지 않는 아파트에
나이 드신 분들이
변변치 못한
나무 그늘에
더위와 땀을 식히고 있다.

몇 해를 지났어도
한 여름 무더위가 기승을 부리면
잊혀지지도 않고
지워지지도 않는 한 장면
"내 큰 아들이 대학교 교수란 말여."
목에 불끈 솟은 혈관이
터질 듯이 내뱉던
소리의 주인主人

검정 바지

땟국 쩔은 윗저고리
햇볕에 마냥 타버린 얼굴
땡볕을
혼자서 받은 듯한
대학교수의 아버지.

보랏빛 그림

여기
보랏빛 그림 한폭이 있습니다
엷은 보랏빛 그림입니다.
사람들은
슈베르트의 미완성 교향곡처럼
미완성 그림인 줄 알고 있습니다
하지만
미완성은 결코 아니랍니다

분명히
화가는 작품에서 붓을 놓았습니다
그리고
아주 멀리 떠나갔습니다

그림은 완성完成이 되었지만
평評들은 구구합니다
더 짙은 보랏빛을
그 또한 다른 빛깔을

그러나
그림은 영원히 영원히
흰빛 감도는 보랏빛으로도 족합니다

그것만으로도
그림은 황홀합니다.

교명이 바뀌고, 교정이 바뀌어도

세월의 여울목에서
잠시
바라본 모교 교정
교명이 바뀌고
황토먼지 날리던 교실바닥이
그 모두가
지금은 신소재로 바뀐 모교

그곳에
바뀌지도
변하지도 않은 몇 가지 중 하나는
등굣길
하교길에 오르내리던 고갯길이다
고갯마루에 흐드러지게 핀 아카시아꽃이다

그 아카시아 꽃들이
지금도
선후배가 끈끈한 정을 꽃처럼 피우고
사도의 향기를 전하고 있다

우리가 모이는 곳엔
우리 제자들이 모여
영광 또한 함께하니
교명이 바뀌고
교정이 바뀌어도.

아리조나 교회놀이터

후두두둑
날아드는 비둘기떼

뒤쫓는
조막손 아이들 함성喊聲

작은꽃
예쁜꽃 옹기종기 피어있는
아리조나 교회놀이터

아가들 함박웃음
모국어母國語 찬송讚頌

이국異國의
찬서리 녹고 꿈 익는 도시
지구촌地球村 교회놀이터.

한껏 웃었다

모처럼 옛 친구들이 모였다

스치고 달아난 세월에
식어가는 열정을 입으로 뿜어내는
넉살 좋은 친구의 늙어가는 넋두리에
한껏 웃었다

웃음이 피식피식 새는 귀가길
바람에 펄럭이는 현수막에
나는 나의 이름을 본다
동우회 학우회 원우회

얼마나 많은 우회인가
우회友會를 〈우회于姬〉로 읽는
나 역시 별 다를 바 없는
허탈감에 김빠진 웃음 한껏 웃었다.

꽃이 된 뜨락

밤새워 울던 바람에
떨어진 꽃이파리가
뜨락에 소복하다

꽃잎은 떨어져
또 다른 꽃으로 피어났다

뜨락이 꽃이 된 아침

옛 시인의 시 한수가
여기 머문다
낙화인들 꽃이 아니랴
쓸어 무삼하리요

꽃이 된 뜨락.

꽃소식

바람은
봄을 부르고 있건만

햇살은
구름의 노여움 속에
보이지 않았다

구름의 노여움
풀어 줄 봄비가 기웃거린다

봄꽃을 피우는 바람이 오고 있다

긴–긴 겨울의 잠을 깨우는
봄바람 속에
꽃 소식 묻어온다

남쪽엔 동백꽃
새빨간 인사가 만발하고

봄에 취한
홍매화 더욱 붉단다.

목련

봄비가
촉촉이 대지大地를 적신다
막 세수를 마친 여인女人처럼
물기먹은 대지大地 위에
올 들어
한번을 고개 들고 보아 주지 않은
아니,
소복이 지겨워 고개 돌려 버린
나에게
백목련의 꽃잎 한쪽이
어깨를 살금 스치며
발밑으로 떨어졌다
마치
심을 때의 그 초심 변치 말라듯

이제는 고개 들고 쳐다보지 않아도
오는 비가
수없는 꽃잎을 땅으로 땅으로 던지고
뿔뿔이 흩어진 꽃잎은
내 황토黃土 묻은 흰치마 꼬라지가 되어서

땅을 베고 눕는다
누운 꽃잎은
어느새
반은 흑갈색이다

나는
문득 지는 꽃에서 나를 발견하고
이미 저승에서
흙과 한타령이 되었을
그이를 보다.

부호符號

수줍게 내리는 봄비를
반갑게 맞아들이는
버들강아지의 미소,
오가는 행인의 걸음은
쉼표를 찍는다

한세상 분주한 나그네
돌다리를 둘러싸고 있던
싸늘한 얼음장도
봄비의 수줍은 미소에 녹으니
여리게 들려오는 시냇물 소리에
느낌표를 찍는다

방울물이 바위를 뚫고
수줍은 봄비가 겨울을 보내듯
그렇게 살 수는 없는 걸까
무슨 부호를 찍으면
그렇게 살아 갈 수 있는 걸까

한세상 분주한 나그네.

봄강

봄 햇살 여물어
푸르름 한아름

봄빛 물먹은
짙푸른 봄강

수천數千인지 수만數萬인지 알 수 없는 세월歲月
긴긴 날 돌아돌아온 눈부신 휘장揮帳이 번득인다

화사한 햇살
정겹게 내려앉은 강

푸른 몸 은빛 나래
하얗게 웃음 짓는 봄 강물.

봄 싣고 가는 중

햇살이
점점 열기를 높여도
아직은 다정한 햇살
고속도로 주변 개나리
하늘거리는 능수버들

겨울을
억척으로 버티던
청송 사이, 사이
진달래 수줍음

소음 요란해도 봄 싣고 가는
꽃길 달리는 고속버스.

봄 오는 길

겨울을 비집고
봄이 오는가 보다
버들강아지
미소가 보인다

봄은 오다가
넘어졌는지
거꾸로
물속에 처박힌 나무들
물결에 휘청인다

철모르는
하얀 눈발 서성이는
봄 오는 길

봄이 오는 길.

목련이 툭툭 터지면

봄을
시샘하는 바람이 불고 있다
비까지 몰고 오니
창문窓門 때리는 소리도 요란하다

피어나는 목련 꽃잎을
비바람은
회초리로 치며
짓밟고 있다

목련꽃 흩어진 앞뜰은
운동회運動會 끝낸 학교마당이듯
어수선하다

목련꽃 툭툭 터지면
어김없이
찾아오는 병 아닌 병

두둑해지는 약藥봉지
늘어나는 약藥의 식구.

초록사랑

햇살이
다듬은 푸르름이
사랑받는 계절이다

바람이
들썩이는 푸르름은
바람 타고 싱글벙글이다

신록의 계절
싱그러움을
한껏 마신다
초록물 젖은 가슴

여무는 초록 사랑.

살구

봄 내내
꽃으로 화사했고
사랑스럽도록
푸르던 열매

봄 햇살 맞아
살빛 또한 곱더니
늦은 봄
손님처럼
잠시 들렀던 빗줄기에
치부를 드러냈다

짓찢긴 속살

살구는
찢긴 속살에
씨 하나를 감싸려고
봄 내내
그렇게 탐스러웠나보다.

연분홍 봉투

어느날
날아든 연분홍 봉투
처마에 매달린
옥수수 씨알처럼
총총히
몰고간 딸아이 정성
대나무 속 같이
텅빈
엄마의 마음속에
살며시
북이 되어 실을 풀어갑니다
석류알보다도
더 새콤달콤한
이런저런 사연들을
한땀 한땀 떠 갑니다
아이가 보내온
연분홍 봉투.

봄의 미소

새벽의
봄비가
나비처럼 다녀간 곳

그곳에
파릇파릇 봄의 생기生氣

봄햇살
한 줌 스치고 간 곳
거기에
해맑은 파란웃음

그 모두를
다소곳이 담은
봄의 미소.

그날의 언약

별들이 꽃망울처럼 터지는 밤
마실꾼이듯 뜨락에 내려온 달빛에
묻어온 그리움을 살며시 일깨어 본다

약속의 그 말들은 흩어졌지만
언약의 그날은 생생히 남아
흩어진 그 말들을 하나하나 줍는 밤

아물 수 없는 상처가 신음해도
투명한 물 속 조약돌이듯 선명한
아직은 매몰되지 않은 그 말들

그날의 언약.

전화벨 소리

꼭두새벽
막내 가족이 짐을 꾸린다
표현表現할 수 없는 공허空虛

지지리도 못난 어미
방에서 엉거주춤 서성이고 있다

조막손 흔들며
"안녕히 계세요."
섭섭한 눈빛의 외손녀

세 식구食口는 그렇게 떠났다
타국他國 땅 오라비 집을

몇 시간 지나지 않았는데도

아쉬움 밀려오며
미치게 보고싶다

기다려지는 전화벨 소리.

사랑의 젖줄

아기가
인공의 젖꼭지를 물고
쌔끈 쌔끈 잠을 잡니다

너무도 평안하게 감은 눈
그 감은 눈을 보며
저도 눈을 감았습니다

기도합니다.
이십육년만에
들어보는 저희 가정에
아기 울음소리
아기 숨소리입니다

당신이 주셨으니
당신께 맡깁니다
이 아이의 앞날을.

연둣빛 아침

뽀얗게
온밤 지새운 아침
창문 열고 밖을 본다

봄꽃 흐드러지게
한바탕 놀고 간 가지마다
야들야들 새잎 돋았다

한겨울 눈바람 속에
지친 듯, 죽은 듯 까칠하던 가지들
봄비에 늦잠 깬 게으른 이파리

봄햇살 다정한 연둣빛 아침
분주히 오가는 행인들
생기 가득한 아침 길.

생일선물生日膳物

아침과 간사함에
무딘 탓으로
때때로 손해를 보았지만
가끔은 믿음도 쌓았다

너줄너줄
사랑소리 못해도
사랑한다 내 며느리

모처럼
낯 뜨겁도록 하고픈 말은
내 집에 시집 와서
수고도 고생도 많았다

조그마한
시어미 성의誠意
보이는 것보다
보이지 않는 실체實體에
마음 머물기 바란다

시아버지 사랑 접고온 시집
훌쩍,
십여년 넘는 세월歲月
고맙고 대견해 몇 자 적었는데

며늘아이
시어미 손잡고 눈물 줄줄 흐른다
어머니 고마워요, 어머니

천금千金 같은
눈물의 대화對話

고부 간 부여잡고 주고받는
생일선물生日膳物.

계족산 일출日出

새벽 바람이
드러난
살갗을 쏠쏠히 쏘고
성미 급한
가로수 잎들이
얼마쯤 신음하는
초가을 아침

구름에 밀리듯 끌리듯
하늘 동편에 솟는 해

희뿌연히
피어나는 아침을
벌겋게 피워 놓고
계족산 딛고
훌쩍 창공에 오른
계족산 일출日出.

창넘은 햇살

한겨울
베란다 창 넘은 햇살이
놀고 있는 거실居室

겨울 매서움에
발길조차 뜸하니
휘젓는 냉기冷氣 가슴 저미는데

외로움 싹뚝 자른 곳에
햇살의 웃음꽃이 피어난다

햇살의 밝고도 맑은 웃음꽃.

2부

나의 간이역

단비

모내기를 앞두고
갈급한 대지에
단비가 내리고 있다

감미로움
저 멜로디

송홧가루 수영하고
석이 네 다랭이 논에도
제법 푸른빛 돌겠다.

갑냇물

한여름
가뭄에
여윈 갑냇물
달빛 품고
물길로 가고 있다

스스로를 낮추며
고행苦行길 가는 물결

낮은 곳으로
낮은 곳으로 내려
빛으로
생수生水로
돌아온 갑냇물.

품

낮이면
햇살되어 나를 비추고
밤이면
달빛되어 나를 맞는다
찌는 더위엔
실바람으로
추위 속에선
온기로 감싸주는
그 품이
어느품인지도 모르는 채
스르르
잠이 든 나의 아침을
햇살이 두드린다.

옥녀봉玉女峰 쉼표

해맑은 웃음 물고
살랑이며 오는 봄에
취한 봄꽃이 하늘거린다
투명透明한 연둣빛 새잎이
봄을 던지며
초록으로 초록으로 달려간다

동네 뒷산 옥녀봉에도
계절季節은 내려
푸른 익살 한창이다

천상하강天上下降
옥녀탄금彈琴 가락에
산새들이 제소리로 노래하고
햇살 담은 잡풀에 풀벌레도
목이 터진다

옥녀 탄금 섬세한 선율旋律
싱그러운 솔바람 속에 취해
허공오선虛空五線에 찍는
옥여봉 쉼표

서화천西華川을 앞에 두고
새터마을 바라보며
들꽃을 함부로 꺾으며
노란 은행잎을 마구 밟았던
내 철없던 날의 그 쉼표.

가로막는 복병伏兵

글을 쓰기 시작함은
글과 가까이 있고 싶음이었지

아무에게도
말하고 싶지 않은 것들을
내려 놓고 싶음이었지

서럽도록 지겨운 나날들을
털고 싶음이었지

그러면서도
행여,
한자락 아픔이 흠이 될까봐
펴 보지 못함이
가로막는 복병이었지

언제쯤이면
가슴 쓸어 내리는
화끈함 털어 놓을까.

불면不眠이 족쇄足鎖

내일來日을 향해
달리는 시간時間이
내일이 오늘 사이 깜빡인다

잠을 청請하며
얼마쯤 지났을까

감은 눈을 스치는 불빛
지겹도록 귓속을 맴도는
얄궂은 소리

별들도 곤한 잠에 취醉한 밤
바람도 쉬는 듯 자는 밤
정적靜寂을 뒤척이며 오는 불청객不請客

밤은 흐르는데
불면不眠이 족쇄足鎖.

런던 가는 길

영국의 항공기가
이륙을 시도한 지도
꽤 오래된 시간
지상을 뒤덮은
하얀 구름 위로
머무는 듯 움직이는 기체

겨울
지상의 백설의 눈부심이
싸늘하다면
기내 창밖의
저 하얀 저 구름의 눈부심은
황홀할 뿐

티 한 점 없는
파란 하늘의 시원함
땅 위의
모든 더러움을 씻은 듯 깨끗함은
그 누구의
가슴의 응어리도 씻는 듯

보이는 그 모두가 아름답고
햇살조차도
정다운 웃음을 안기는듯

아름다움을
마음 가득 담고
기내로 눈 돌리니
형형색색의 피부빛 머리빛이
적당히 혼합된 좌석
나오는 음식 또한
내 나라와 서구 음식
다양한 문화권을
한 공간에서 보는 듯한 흥미로움

개개인의
나라와 생활 목적은 각각이어도
한 가지 분명한 건
우리는
같은 공간에
착륙지가 같다는 사실

우리 모두는 헤어져도
런던공항에서라는 것

기내 방송을 들으며
안전띠를 매는
똑같은 행동들
지금
우리는
런던 가는 길.

나의 간이역

까칠한 음성
까슬한 바람이 몰려온다
지나쳐 버린 나의 간이역

이 아이 저 아이 지병을 호소한다

메뚜기 뛰듯 뛰고 뛰며
달려야만 하던 날의 분주함에
지나쳐 버린 간이역

행인의 발길 뜸해
물기 말라버린 수도꼭지이듯
사람 없는 빈 의자의 외로움이듯
신음하는 상처

지나쳐 버린 나의 간이역.

이방인異邦人

부산행 열차釜山行 列車에 몸을 담았다.
대전고등大田高等을 나왔다는
십여명의 일본인日本人이 함께 탔다
검은 머리엔
간간히 서릿발이고
홍안의 얼굴에 줄무늬를 그렸다
덮치는 세월 속에서
그들이
헤집어 찾은 것은
청춘靑春이건만
의치義齒 속에서 새어 나오는 소리는
내 어린 시절을 찾아 내려는
불협화음不協和音 같기만 하다

배웅을 나왔던
한국인 동창들에게
손을 흔들던 그들은

몇 잔의 오고가는 술잔 속에
아리랑을 노래한다

지난 날들의 추억이 떠오르면
아마
한국韓國의 옛 친구가 그리웠을 거고
그리움은 미안함도 안겨 주었을 거다
그들은
휘날리는 태극기를 보았고
그들 발길에 밟혔던 강산江山이
싱싱하게 움직임도 보았을 거다

철길의 기차는
아리랑을 반주하며 달린다.

열대야의 밤

몸속에
가득 담은
화기火氣를 뿜었던
불볕이 떠난 지도
어지간히
시간이 흘렀건만
열기熱氣는
아직도 몸을 더듬고 있다.

끈적이는 살갗에
묻어나는
열기熱氣가 찝찔하다

유월의 하현 조각달
힘겹게 기어 올라
중천을 향하고 있는데

두런두런
인적 속에
포식한 모기 잡는 손뼉은

열대야의 밤을 때린다

손뼉소리 뜸하며
흩어지는 인적.

욕조浴槽에서

욕조浴槽에 몸이
반쯤은 물에 잠겼다
쌓인 피로披露가
녹아내린다

사물事物이 눈에 들어 온다
담담하다
눈을 감았다
담담하다
눈을 떠 보았다
담담하다

시선視線을 잡는 그 아무것도 없다
아— 아—
욕조浴槽에서의 무욕無慾

따끈한 한 잔의 차를 마신다
마음도 몸도 씻어 내리고 있다

줄줄이 내리는 땀방울은

욕조浴槽 수면水面에 잔잔한 무늬를
방울 방울 그리고 있다.

눈물이 출렁인다

어제는 몰랐다
그제는 더 몰랐다

아침 길을 나서며
망울망울 웃음 먹은
꽃망울을 보았다

한낮
되돌아 오는 길
꽃들이 활짝 웃고 있다

가슴 가득한
눈물이 출렁인다

꽃같은 웃음을 권한다.

목련꽃 망울

아득한
봄을 향해
긴 겨울

눈바람에 굴하지 않은
목련꽃 망울이
탱탱이 여물어
터질 것만 같다

매서운 겨울 앞에
도도한 너의 모습
하얗게 터지는 그날에
나는 꽃잎에
흐느끼며 입맞추리

가슴 꽉 찬 눈물을 토하리

텃밭 먹거리

철부지
새 새댁 친가에 가면
가득한 먹거리
텃밭에 있었지

푸성귀 좋아하는
딸의 식성 아시면서도
모르는 듯 어머니는
조기살만 밥술에 올리시며

간간하니
먹을 만하다 먹을 만하다
한술 한술 또 한술 권하셨지

출가한 당신 딸
생선토막 고기 한 점
못 먹는 바 아니건만
내 어머니 권고에
밀리는 텃밭 먹거리

봄이 오고
여름 오면
그리움으로 달려가는 텃밭.

유성장터

'며칠 후면 추석이구나.'
생각하는 순간
장바구니를 들었다

둑길을 따라 걸었다
갑냇물 넘어온 바람을 마시며
한참을 걸었다.

웅성이는 사람
사람과 사람 사이를
헤집고 들어간다

비릿한 냄새
버려진 생선토막
질척질척한 발밑의 감각
얼마쯤은 혐오스런 견犬님의 다리,
마주 앉은 좌판 앞 여인들

골목골목을 기웃거린다

아스라이 지나간 날들이
손짓을 한다

해 저무는 유성 장터에
향수가 내린다
내 유년의 바람을 마신다.

등꽃

황혼 노을이
곱게 흘러 가고
어둠이
능글맞게 내려오면
긴-잠에서
깨어난 가로등은
동그란 눈을 뜨고
어둠을 몰아낸다

도시에
어둠이 쌓이면
창문에 듬성듬성
등꽃이 핀다

긴긴 기다림의 박꽃
때를 맞아 웃고 있는가 보다

긴장의 까운 훌훌 벗고
형형색색의 피로를
풀어 피우는 도시의 등꽃.

한밭의 저수지

그렇게도
풍요로움과 푸르름이
넘실거리고
오만조차 철썩이던 곳
지금 그곳엔
푸르름의 물결도
오만의 찌꺼기도 없는
얼마쯤 남아있는 물만이
겨우
부끄러운 부분을 가리듯
저수지를 가린다
그럼에도 아무도
함부로 못함은
그 언젠가는
넘치도록 가득할
푸르름과 풍요가 있음이렸다

그날이 꼭 있음이렸다.

바다의 얼굴

지평선地平線
검푸름의 바다
쪽빛 물고 퍼지는
크고 작은 물결

암벽 치고
하얗게 부서져도

거품 물고
지친 몸, 모래 위 쓰러져도
바다로
되돌아가는 파도波濤

바다와 놀던 인파人波
함께한 가족이듯

지평선地平線
검푸름의 침묵
뒤집힌 고깃배 식솔의 한 맺힌
통곡도 못 들은 척

바다는
어느 날 그 어느 해
그 헤아릴 수 없는 모든 것들
묻어두고 담아두고

마주보는
하늘과 대화對話할 뿐.

대여점

길을
가노라면
무심코
간판을 보기도 하고
읽기도 한다.

요즘
흔히 볼 수 있는
「대여점」 간판들
컴퓨터에서
장난감까지

결코
새삼스러울 것도 없는 간판

이 세상
그 모두가 대여 아닌가
사용할 수 있는 기간이 정해 있으니

생명 그 자체도
대여이거든
각종의 대여점
다만
대여기간이 다르고
사용자의 방법이 다를 뿐

시간이 흐른다
대여받은 하루를 반납한다.

새옷 입은 듯

지루하게
쏟아 붓던 장맛비도
지친 듯
멈춘 사이를
선들선들
바람이 넘나드니
길가
가로수들은
묵은 때를 벗은 듯
깔끔히 서서
바람을 맞으니
보는 이
또한
상쾌하다

빠끔히 뚫린
하늘 복판에
여름 해 활짝 웃으니
구석구석

고실고실
새옷을 입은 듯.

신도시 실개천

신도시
모퉁이 돌고 돌아
이룬 개천
개방의 물결이
산도
들도
놀라움으로 변화된 속에
흐르는 물길만이 그대로다

한때는
여인들의 빨래터요
이 마을
저 마을 소식이 끊임없이 이어지며
오가는 정이 풍성하던 곳

아이들의
여름볕 따가움을
식혀주고 씻어주던
여유로움의 물결이
알몸에 실오라기 걸친 듯

애처롭게 흐르는 실개천

그 물 위에
구름에 걸린 달이 떴다
파란 하늘 별빛까지도
반짝이며 물 위를 걷는다

늘어진 버들도
뛰는 개구리도 없는 곳에
작은 몸집 되어
큰 하늘
끌어안은 물 가슴
밤의 신도시
실개천.

종무지 시비宗武志 詩碑

바다를
내려보는 산등에
내 나라 마지막
부마도위駙馬都尉 종무지 시비를 본다

미묘한
시대적 소용돌이에 엮인 부부
부부의 정夫婦 情
꽃피기 무섭게 밀려온 영육靈肉의 고뇌苦惱

안내자가 시를 읊는다.
나 자신을 추스리기 힘들도록
현기眩氣가 엄습掩襲한다

옹주는
아린 그리움 어이 견디고
서러움 또한 어이 참았을까

대마도
해신도
산신도 등 돌린 가문家門

시린 가슴 까맣게 드러낸
부마도위.

바다의 해

파란 하늘에
크고도 투명한 해는
방금 바다에서
솟았다

어느덧
해는 파도에 밀린 듯
어둠을
질금질금 싸며 가고 있다

솟는 해도
지는 해도
모두 바다에 둥둥 떠 있으면
솟는지 지는지
구별이 쉽지 않더라.

석이 어멈

과일가게 앞을 지나다가
붉은 감의 정다움은
석이어멈의 웃음이다

가을이 되면
찾아오던 석이 어멈
낡고 허름한 자루 속에는
석이 어멈의 정성이 가득 찼다

붉은 감의 달착지근한 맛

그러나 이젠
석이 어멈의 미소도 붉은 감도
오지 않는 쓸쓸한 가을날

감을 다 털어 낸 나무이듯

석이 어멈
부러진 앞니가 보이고
석이 어멈의 웃음이듯
단풍에 걸린 햇살이 정겹다.

찰현의 음율

단정히 빗어 올린 머릿결
연연한 푸른빛 깨끼적삼

앙증스런 몸집의 해금을
무릎에 앉힌 여인이
해금과 호흡을 맞추는
숨결이 시작을 알린다

소리의 여울목을
거침없이 오가며
두 줄이 울어내는
찰현의 음율

당차게도 튕겨내고
저리도록 아픈 사설
줄줄이 훑어 내린다
가슴 텅비도록.

3부

그때 그 말씀

섬

저 바다 푸르름 밟고
서 있는 저 섬들은
무엇을 기다려
저토록 서 있는 걸까

얼마나 많은 세월歲月
물벼락에 지쳐
저토록 굳어 있는 걸까

오고가는 파도가
등창 나도록 치고
바람은 미친 듯 살을 찢는데
어찌 저토록 묵묵한 걸까

섬,
저 섬들.

그때 그 말씀

태극 물결이 만세를 외치며
삼천리를 덮던 날
어머니는 말씀하셨다

"나는
해방의 깊은 뜻은 모른다
분명한 건 나도 해방이다
모시모시에서의 해방이다
내 나라 말로 전화를 할 수 있다는 거다."

언어의 억눌림에 시달리셨던 내 어머니

세계화의 물결 속에
문화의 홍수 속에
아린 그리움으로 젖어드는
그때 그 말씀.

노을

그렇게도 강렬하던
여름날의 태양
그 태양의 열기가
한풀 꺾인 늦가을 저녁
햇살 부서진 하늘에
노을이 익어가고 있다
은빛 눈부신 구름도
노을로 향한다

곱고도 예쁜 나이
지겹도록 권해도
야멸차게 거부하던 결혼
이제는
받아들이는 딸아이 같은
노을.

그 향이 그립다

불면에 휘둘려
하얗게 밤을 지샌 아침
반가운 소식을 접한다.

수십년 까맣게 묻혔던
색동 친구들 소식
들뜬 가슴으로 청하는 커피 한잔

잊혀진 세월이 찻잔을 휘젓는다

대수롭지 않은 소문에
우루루 모여 수근덕거리고
돋아나는 새싹의 신기함에
까르르 웃었다

그렇게 단순하던 날
커피향의 미혹은
마시면 쓰기만 했다

지금 이 한 잔의 커피는 향과 무관하다

시간과 맞서고자 마시고
이런 저런 사연으로 마신다
쓴맛에도 아주 익숙해 있다

그 향이 그립다.

솔잎에 가랑잎

여름 휴갓길
동행을
가족들은 청한다

선뜻 따라 나서기엔 서먹하다

솔잎에 가랑잎이듯

그렇다고
솔직한 답변을 하기엔
마음이 내키지 않는다

마음에도 없는
새빨간 거짓말에
가슴은
쏠배지의 노래를 풀고 있다.

※ 쏠배지 노래 작곡자 : 그리고

노을 품은 바다

석양이 노을을 심고 있다
서산 곁으로 가까이 가며
노을을 훌훌 뿌리고 있다

노을은 바다로 뛰어들며
요람이듯 길게 눕는다

노을품은 바다는 파도 춤을 춘다

푸른 바다의 물결 등위에
노을의 춤사위는 꺾이는 듯 풀리고
풀리는 듯 다시 꺾이는 절정의 기교

억척으로 노을을 끌어안은 파도

모래 위에 새하얀 여유 풀어놓으니
노을 품은 바닷물결이 곱다
노을 진 수평선이 요염하다.

가을 길에서

황금 벌판을
가로지른다

벌판의
여기저기에
늘어선 허수아비들
검은 얼굴에
팔을 벌린 놈
흰 얼굴에
팔을 뻗은 놈
붉은 천으로
얼굴을 덮은
인디안 같은
허수아비

내가
가는 대로 보이는
각각의 허수아비들

세계 각국을 달리는 듯한

이 기분
붉게 타는
가을 저녁 노을에
설움도 타거라
활– 활– 타거라
세월의
찌꺼기도 타거라
훨–훨–
가을 붉은 저 노을 속에서.

동거同居

흔해터진
미사어美辭語 하나
둥글리지 못하고
그 말이 그 말인데도
꽃송이 같은
시어詩語 한 가치 꽂지도 못한다

풀풀 날리는
수식어 몇 마디 곁들이면
그럴 듯한
시 한 수 뽑는 줄 알면서도
광대 같아 우스꽝스럽다

그러면서도
까무라치도록 놀라운 건
시詩와의 동거同居다

병인지
끼인지
나도 모를 동거同居.

곰발바닥

일 좇아
바쁘게 사는 아들
전화 한 번
변변히 못하고 끝내는 대화對話

그날도 그랬다.
"어머니, 저 한국에 왔어요."
"그래, 일보고 짬나면 전화하렴."
"아니, 어머니 저와 함께 가실 준비하세요."

낮도깨비 같은 아들 전화
번갯불에 콩 궈먹듯 가는 길 미국행美國行 항공기

어미손 꼭 잡은 아들
고사리 손이 곰 발바닥 되었다
찡한 가슴에 눈물이 핑돈다

어미 손 꼭 잡고
잠들려 애쓰는 애처러움
표정表情 훔치는 모정母情.

새치

이 봄 들어
머리가 너무 근지러워
건조한
기후 탓으로 돌려 버렸다
그래서
자주 머리를 감다보니
행여
머릿결이 상할세라
며칠을 꾹 참고 견디다 못해
비듬찾아
머릿속을 헤쳐 보았다
마치
가려움의 해답은 비듬일 거라고

찌든 머릿결에 비듬은커녕
사이 사이 비집고 나오는
새하얀 머리털들
세월에 밀려
이미 백기를 들은 것들

한 움큼 뽑고 보니 화가 치밀어
기왕지사
한판 싸움에 참패하면 뽑힐 놈들
열 손가락 밀어 넣어
갈퀴처럼 덕덕 긁고
마구 뜯어 보았다
이길 놈 질 놈 모두 뽑히라고.

가을 날 만나거든

우리
가을 날 만나거든
슬픈 말들은 하지 말아요

지난 그날들을
말하지 않아도
우리는 서로가
서로를 알고 있잖아요

가을 바람이
우리의 그 아픔을
건드리지 않고
비켜가기를 바라지만
바람은
저렇게
나뭇잎을
흔들고 있잖아요

우리
가을 날 만나거든

슬픈 말들은 하지 말아요
설움 안고
저 낙엽처럼
부서지고 싶지 않으니까요

우리
가을 날 만나거든
저 가을 바람에
웃음 실어요

가을 햇살 속에
붉게 익는
저 단감 같은
사랑을 함께 노래하면서 웃어보자구요

우리 가을날 만나거든.

오늘도 비가 내리고 있다

이틀 퍼부은 비
호비작 호비작 호미로 꽂은 모 포기
둑 터진 물에 떠밀려 가고 있었다

석이 아범 십여년 품값이
그렇게 쓸려가고 있었다

생존의 엄숙함에 고개 숙였고
현실의 냉엄함에 손발 터지고
온몸 꺼멓게 멍든 봉천답

솔개마을 떠들썩하게 태어나
조실부모와 외척살이

석이 아범 두손 꼭 잡고
눈물에
빗물에
젖으셨던 내 어머님.

가을 하늘 초생달

가을 햇살이
살며시 산山을 넘은
초사흘 가을하늘에
친정親庭 어머니 손톱이 걸려 있다

손톱이 길다며
내어 밀던 손에서
정성껏 깎아 드린
바로
그 손톱이

파란 가을 하늘
초생달 되어
수많은 별처럼
사랑을 박으신다
저 하늘에.

아버지의 만추

가을물 먹은 잎
바람에 시달리네

아버지 헛기침에
열리던 내 방문

하얀 창호지로
문풍지 재단 하신다

바늘 구멍으로
황소바람
들어오느니라

문풍지에 펼치시던
노을빛 사랑

아버지의 만추.

불혹이요 이순

누가 옆에 있었다면
좋은 일이 있나보다 생각했을 거다
혼자 피식피식 웃고 또 웃었다

평소와 달리
허겁스럽던 큰딸 전화電話
"엄마, 오늘 꼼짝마, 무지무지 추워."
"너도, 꼼짝마."

서로를 걱정하고 챙기는 모녀母女
펄-펄 날던 어미 늙었고
그 딸 또한 철드나 보다

그러고 보니 두 모녀母女
딸은 불혹不惑이요. 어미는 이순耳順
세월歲月이
잽싸게도 덮쳤구나
하는 사이
어둠은 또 하루를 덮는다.

그 가을 저녁으로 가는 길

가을걷이가 끝난 논밭이
쓸쓸히 보이는 사이사이로
비닐 하우스가
서산西山으로 넘어가는 햇살에 눈부시다
아마,
계절季節보다 먼저 우리들의 식탁食卓을
풍성히 해줄 많은 식물들이
그속에서 숨을 쉰다

가을 바람이
차갑게 불어오고 있다
낙엽이 마구 뒹군다

그해,
그 가을 저녁바람도 몹시 차가웠다
네거리 건널목
건너편 신호등 옆에서
바람과 마주서신 아버지
두루마기 앞자락 여미시며
「어서가라.」 손 흔드시던 그 모습

뵈올 수는 없어도
끝내 못 잊어
낙엽에 실은 마음 낙엽 밟고
바람과 마주서
그해
그 가을 저녁으로 가는길.

가을 정원

모두가
겨울을 준비하는
가을의 한낮
내집
정원에도
겨울의 준비는 시작됐다

정원을 손질하는
가위 놀림에
잘 뻗은 가지가
싹뚝,
잘리며
땅위로 꺼꾸러졌다
애처로히 수액을 토하며

문득
목발로 서계신
사촌오빠 수학선생님
동족 상쟁의 비극에
한 다리를 빼앗긴

백마고지의 용사

존엄한 생명 앞에
어쩔 수 없이 내어놓은 다리
정원사의 손 끝에
잘린 나뭇가지
사촌오빠.

일기 예보日氣 豫報

울음 삼키며
산허리 휘감던 구름
온종일 흐느끼고 있다

지난밤
단잠을 깨우던
시린 뼈골의 진통陣痛

세월에
까마득히 묻혔던
내 어머님 일기예보日氣豫報

어느덧 내게도
그렇게 오고 있는 건가

토닥토닥 어깨 치시며
자근자근 홀로 곱씹으시던 말씀
비가 오려나
비가 오려나.

눈물이 때로는 약

하루에도 수없이 죽고 싶은 날들이
내게도 있었습니다

시간시간 매일매일 죽어가고 있으면서

부딪는 현실이 너무도 지겨워 도망치고 싶어
죽고 싶은 날들이 있었습니다

쌈닭 같은 하루하루 싸움에 지쳐
그만 이대로 죽었으면 하던 날도 있었습니다

죽음도 삶도 힘겨운 사실에
얼만큼 눈이 뜨일 때 온종일 울고 또 울었습니다

눈물로 뒤범벅된 하루를 보내고
죽을 만큼 열병을 앓고 나서야
흐르던 눈물만큼의 치유된 죽음의 병

눈물이 약이었음을 알았습니다
눈물도 때로는 약이 됨을 알았습니다.

남해南海

지겹도록 내리는
초여름 비

지루함에 지친 듯
배 띄우는 바다
다도해多島海 남해바다

간간이 배 안을 넘겨보며
철썩철썩 뱃전에 노는 물결들

어둠 깔며
먹구름 몰려오니

갈매기 끼끼욱 끼욱
거친 울음들

이편 저편
멋대로 치고 덮는 파도에
요동치는 배

육지가 그립다
어서어서 귀향하잔다.

세월 먹은 값

아득히 보이는
산봉우리 휘감던 구름
서서히
몸집을 불리고 있다

결코
가볍지 않은
구름의 야심이다

드디어
검은 깃발 휘두르며
가까이 오며 용트림하는 구름

숨어든
천둥은 뼈속에 울고
바람이
시리도록 몰려온다

옹골차게도 세월 먹은 값을
계산하고 있다.

시인詩人

봄인지 여름인지
분별조차 어려운
사월의 변덕 날씨에 휘말려
시름시름 계절병季節病을 끼고
아마 달포쯤 누웠나 보다

우편물을 뒤적이며
이름에 따라 붙은 시인詩人
사반세기를 붙어다닌 활자活字
오늘따라 무척 생소하다

언제까지
이렇게 절뚝이며
머뭇거릴 것인지.

변종 바이러스

진종일 햇살은
구름에 갇혀 있었다

잔인하리만큼 구름은
심통의 바이러스를
뿌리고 있다

우울하던 날들이
떼거리로 몰려오고 있다
변종바이러스

변종은
또 다른 변종이 될 수 있다
심통을 받아주고
우울을 치료하는
바이러스 기다리고 있다

사랑으로 변종된 바이러스.

그런 복福을 허락한다면

또다시
이 세상 올 수 있다면
조금은 초라해도
조금은 춥거나 덥더라고
푸석 푸석 흙먼지 이는 길이어도
두 손 꼭 잡고 오래도록 함께
걸을 수 있는 사람이면 좋겠다

가다가
실개천이라도 만나면
나그네길 흙먼지 훌훌 털며
환한 웃음 마주치며
가슴까지 씻을 수 있는 사람
그런 사람이면 참 좋겠다

한번쯤
하늘이 그런 복을 허락한다면
햇살 한 줄 없는 삶의 길이어도
세상 끝내는 그날까지
그 손 잡으련만.

모두가 동질

마시다 남은
물잔을 놓는 순간
자지러지게
정적을 깨는 물잔
조각난 잔 조각을 주우며
비로소 깨닫는다

모두가 동질

도기이든 자기이든
토기장이 목적에
품질이, 품격이, 용도가 다를 뿐
본질은 흙
아무리 첨가물질 함량의 가감이
천차만별이고 시공을 넘나드는
도공의 재능도 부딪쳐 깨어지면
사금파리 조각

물잔도 세면대도
바닥의 타일도

부딪히면 소리 나고
충돌하면 깨지고 흩어지는 흙

모두가
본질은 동질同質.

4부

문자를 보내고 싶다

문자를 보내고 싶다

태양의 열기가
기승을 부리고 간 날의 밤바람이
보상이라도 하듯
열기를 다스리는 밤이다

반짝이는 하늘의 별을 보고
별에게 문자를 보내며
하늘에 자유를 묻고 싶다

에어콘, 콘크리트 공간에
스스로를 옥죄던 사고에서
벗어나고 싶다

별에게
문자를 보내고 싶다.

광장

그녀는 또 다른 추락의 두려움에
꼭지점에서 균형을 잡고
안간힘을 쓰고 있다

입술의 경련은 다급함이다
금융권과 사채시장의 헤매임은
삶의 구걸

한 장 종이쪽지에 매달린 그녀의 존재
살아남으려고 곡예를 하는 중이다
광장의 마지막 줄타기

금융권의 정문이 내려지는 삼십분 전
광장에는 그녀도 구경꾼도
보이지 않았다

삼월 삼십일의 광장.

낙엽의 노숙

바람을
동반하고
외출外出한 가을비

갈증과
허기에
지친 잎이

줄지어
가출家出을 하고 있다

잎은
낙엽이 되어
낙엽은
비를 맞으며
노숙을 하고 있다

비내리는 가을 길
낙엽落葉의 노숙露宿.

나의 여리고 성

당신을 향한 원망의 끈을
팽팽히 잡고도 주일이면
성전을 찾아가 당신 앞에 섰습니다
결코 안식을 취하고저 함도 아니요
위로를 받고저 함도 아니었습니다

아무리 위로와 안식이 상처를 보듬어도
그 아픔은 사라지지 않았고
도리어 상처를 후벼 파는 아픔

그래도 당신을 찾아감은
또 하나의 두려움이었습니다

무화과 나무의 저주도 카인의 죄상도
익히 알고 있었기에 두려움 역시 팽팽했습니다

가슴에 섭섭함과 두려움을 가득 담고
당신을 찾았던 습관은 시간이 흐를수록
섭섭함과 두려움이 각을 세우며
씨름인지 싸움인지 거칠게 뻗어가는 판세에

곤욕스러웠고 또 다른 늪에서 허덕일 때

나보다 더 힘드신 당신
나보다 더 아파하시는 당신
세상 짐을 지고 가는 어린 양

무너지는 나의 여리고 성.

내 고향 옛집

삼십여 세월
콩 튀듯 팥 튀듯 살면서도
마음이 머물던 곳

가슴이 아파
차마 잊을 수 없었던 곳

이런 저런
옛 기억들을 더듬으며
한적한 시간 속에
스스로를 맡기고 싶어
찾아간 내 고향 옛집

얼핏 보기엔
허기진 창자에
기별도 가지 않을
몇몇 한과韓果에
우렁깍지만한 찻잔이 놓인 다과상茶果床

선대의 기품이

신홍의 물결 속에 잘도 보존되어 있다

다과에 묻어나는 여유는
내 철없던 봄날의 미소

몰락의 그림자 길기도 하더니.

고란사 고란초

고란사 습한 벼랑
햇살 한 번 스치지 않은 암벽에
붙은 듯 떨어질 듯
가냘픈 고란초
삼천 궁녀의 넋이
벼랑에 스며
눈물지다
파란 생명生命이 되었나 보다

백제 문화제 행사가
한창인 오늘
땀으로 얼룩진 현대인들이
고란초 앞에 숙연함은
백제의 얼이
육백 년 역사가 아직도 숨쉬고
너의 생명처럼 살아
하소연하듯 잠잠함인가 보다

고란사 목탁소리에
더욱

다소곳한 너의 모습
그 속엔
분명
찬란했던 지난날의 그리움이
아련히
숨어서
숨을 쉬는가 보다

고란사의 고란초.

노란 민들레

봄은
오는 듯 가는가 보다

개나리꽃
흐드러지게
피었다 지고

뒤늦은
잎들의 푸르름도 오만하다

고층
아파트 구석진 곳
햇살 한 점 없는 곳

봄나물이듯
숨었던 민들레

도란도란 속삭인다
샛노란 입술로
나직이 피어

소박한 미소 담고
바람에 내일을 맡기고는

오순도순 꽃 피운다
노란 민들레꽃.

돋보기

일간신문日刊新聞마다
빗나간 사도師道 어느 교사의 비행
눈을 크게 떴다
나도 잠시 들렀던 길
아니, 오늘까지도
미련을 둔 길
그러나
눈을 크게 뜨고
몇 줄 훑어보면
볼수록 어른거리는 활자活字들
이미 이승의 내 눈을
저승의 그이가 가져간 것을
며칠 후
나는 학창시절의 은사님을 뵙고
정정한 그 모습
그토록 아픔을 겪으시고도
후배들 이끄시는 모습
「햇빛의 돋보기」를 쓰시고 계시다는
밝은 시력
「햇빛의 돋보기」라는

그분의 말씀은 짙게 다가오는데
햇빛은 커녕
구름과 안개만이
가득한 나의 눈.

배웅

아이들 개학을 하루 앞둔
해 저문 오늘
봇짐 든 아이들을
역에서 배웅한다
손을 흔들며

손을 흔들며
혼자서 손을 흔들며
툭 땅에 떨어지는 손
흐려져 가는 기차汽車
흐려져 가는 시야視野

경적을 울리며
멀어져 가는 짐승 같은 검은 물체
그 속의 하얀 손들의 흔들림
결코
이승과 저승의 갈림은 아닌데
흐려져 가는 시야視野
아른대는 흰 손들

지금쯤
그도
어느 곳에서
나처럼
이렇게 서 있을 거다
손을 흔들며.

징검다리

그는 이 세상에 태어나
아내의 자리가
비좁았는지도 모른다

아들이기를 고대하던 집안에
아들 아닌 딸로 태어나
주변의 근심 걱정을
뿌옇게 내렸다

그 모두를 감수하던
그의 어머니조차도
아들 부럽지 않다고
되받아쳤단다

그는 딸이였고 또 며느리였다
하지만 그에게
아내의 자리는 어머니로 가는
잠시 잠깐의 징검다리

홍수에 떠내려간 돌이듯

어머니로 할머니로 거침없이 보낸
징검다리.

보고 싶다

보고 싶다

가슴을 파고드는
그리움의 물결

먼 파도 소리이듯
들리는 음성

보고 싶다.

아무렇지도 않게
무작정 걷자던 당신

손잡고 걸었던
산 그림자 같은 당신

보고 싶다.

어디로 가는 건가요

당신이 창조하신 천지가
인간의 파괴와 무질서로
엉망입니다

오늘의
아담과 이브가
또 미혹에 빠졌습니다

우리는
여기서 쫓기면
어디로 가는 건가요.

아련하건만

정월대보름의 달빛조차도
외로움 흔들어 깨우는 밤

친정 뜨락에 앞다리 쭉- 뻗은
검둥이가 꼬리 치며 그 순한
눈빛을 다정히 보내고 있다

내 집 방문객들 한결같은 소리
호젓하니 개 한마리 기르라는
소리가 위로이고 마지막 인사다
하지만 그 인사의 답을 못하는 나

요즘 도시 견공의 짖음은 공포
그 두려움이 싫어서
아예 외면해 버렸다

이웃사촌을 넘어선 도시의 인심
각박하게 돌아가는 요즘

휘영청 밝은 밤

제 그림자를 보고 짖던
검둥이 눈빛이 아련하건만.

숲에 두고

봄을 심는 식목일도
이승과 저승 담을 헐어주는
청명清明도 한식寒食도 다 지나버린
토요일 오후

목동의 꼴망태만큼
크고도 무겁던 가방을
말없이 받아든 큰 딸의 시선視線을
엄마의 하루를 훑어보려는
눈빛 정도로 지나쳤습니다

또 한번
그 시선이 내게 머물 때
비로소
딸의 마음을 읽었습니다
아버지를 보고 싶어하는

청명清明도 한식寒食도 다 지나버린
일요일 오후
이승도 저승도 없는

가족의 만남이 있었습니다

혈육 한 줄 숲속에 두고.

영혼의 소리

떠난 자의 등짐은
남은 자의 몫이었다

이른 새벽의 조반을
드는 둥 마는 둥 뜨고는
경부고속도로를 달린다

죽지 않을 만큼의 속력으로
달리라고 재촉을 하며

어쩌면 죽기를 거부하지도
않았는지 모른다

첩첩히 쌓이는 처절한 삶
순간순간 울컥 울컥 치미는 분노

수없이 감정에 흔들려도
내내 노예가 되지 아니함은

매몰되지 않은 영혼의 소리에
끊임없이 이어지는 맥박.

어느 묘비 앞에서

세월이
얼마만큼 흘렀는지
알 수 없도록
긴 세월 서 있는 묘비
세월에 깎이고
비에 씻긴 희미한 글들
그래도
언제나 깔끔한 잔디

그 깔끔한 잔디 속
옛사람은
지금쯤 어떤 모습이려나
세월에 묻혀진 생애
그 한평생을
알리듯 말하듯 지키듯
서 있는 묘비

오늘도 그 이름 바람에 깎이며
묵묵히 서 있는
이끼 낀 묘비여.

물금의 경계

바다 물결은
푸른 뱃살을 드러내며
어디로 가는지 몰려가고 있다

물결은 떠나면서도 경계를 긋고
명패를 두고 갔는가 보다

떠나간
빈 자리에
희미한 물금의 경계

있는 듯
없는 듯
어렴풋이 보이는 명패.

쉼터

그곳에 쉼터가 있다
잡목들의 자유로운 몸짓이 있고
이름 모를 새들의 대화對話가
온종일 허공虛空에 머무는 곳

두어 평 됨직한 공간空間

때때로 주저앉아
잡초의 허리를 꺾고 뜯으며
마음을 푸는 곳

태고太古의 음音을 싣고 오는 바람에
길고도 짧은 세월歲月을 노래하는 곳
그곳이 나의 쉼터.

고향눈

햇살 등진
바위에 기어붙은
몇 쪽의 얼음들이
근근히 겨울의 체면을 유지하는 속에
버들강아지가
배시시 웃음짓는다

어느덧
친정어머님이
이곳의
빈터를 차지한 지도
석 달하고도 열흘
지저귀는 새소리
흐르는 물소리에도
어느 만큼은
정情이 드셨을 거다.

여리게 들려오는
산골 물소리
따라가니

인적도 드문 곳
햇살조차 꺾여가는 곳에
눈도
얼음도 아닌 몇 편의 조각들
오랜만에 보는
고향눈이다

반가움
소중함이 부딛는 순간
손 끝에 신경神經이 집결됐건만
자지러지는 울음
동강나는 살얼음 위에
하얀 눈송이들

도시의 때묻은
손길을 거부하듯
그래도
만져지는 고향눈의 파편들
시린 손끝 살며시 잡으시는
어머님.

동지冬至

잿빛물
삼킨 하늘이
곧 터질 것만 같다.

아니나 다를까

눈발을
하얗게 털어낸 하늘에
겨울 햇살은
기웃거리다 숨어버린다.

아니나 다를까

동짓날
긴긴밤이
어둠을 끌어 당기고 있다.

너

하나로 보면 별것도 아닌 것이
가까이 보면 더더욱 아무것도 아닌 것이
사람의 넋을 휘감고도 모자라
휘영청 균형을 잃는다
날 때 여릿하고
무더위 속에 극성을 부리던 것이
떨어질 때는 왜 얄밉도록
그토록 요란하게 고우며
떨어져 쌓인 것은
왜 그리도 채이는지
설움이 북받친다
울고 싶도록.

슬픈 계절

떠나는 겨울에
아버지 가시니
오는 봄 기웃거림엔
그 사람이 가더라

가슴 앓이를 하얗게 싸매고
휘청이던 계절

목련꽃
이파리가 툭툭 떨어진다.

떨어진 꽃잎이
바람에 휘둘리니
첩첩으로 쌓이는
하얀 몸부림

처절하게
내동댕이 쳐진
너와 나의 슬픈 계절.

그 사람

아내를 풀어 놓는다

자유로움 속에서
아내가
잡고 있는 든든한 끈
그 사람의 아내

아내를 풀어 놓았다

육체를 풀며 그 사람은
아내의 영혼을
잔뜩 움켜쥐고 갔다
그 사람의 미망인.

실성한 듯 넘는다

친정아버지와 지아비를
삼십여일 간격으로
숲속에 묻는다

시리디 시린 차디찬 눈밭에
눈 속에 흙속에 묻는다

악몽 아닌 현실
이승과 저승의 산마루

삶의 고갯 길로 들어선다

온갖 찔림 속에
그렇게밖에 할 수 없는 막막함

무작정
가야만 하는 길을
통곡으로 넘는다

실성한 듯 넘는다.

여전히 푸르고

절망의 순간에
풀어진 자색 고름

운명은
이 풍랑 이 물결에
진진
무명의 흰 돛을 올린다

오는 봄을 희롱하듯
산에는
잔설이 희끗 희끗하고
하늘은
여전히 푸르고

서러움의 길에도

겨울을
비집는 봄의 옹알이가
파릇파릇하다.

곽우희

- 충북 옥천 1937년 7월 25일 生
  (부 곽정길 모 김갑경의 1남 2녀 중 차녀)

- 1982년 《현대문학》 등단
- 1976년 한성기 시인 시화전 개최
  (대전사범여자총동창회정으로서)
- 2008~2010 한성기문학상 운영위원장 역임

- 대전사범학교 본과 졸업
- 목원대학교 음악교육과 졸업(작곡)
- 고려대학교 경영대학원
- 고려대학교 경영대학원 A.M.P 과정 이수

- 충북 옥천 삼양초등학교 교사 역임
- 주식회사 동림산업 대표 역임
- 한국문협, 대전문협, 대전시협, 백지동인 회원
- 2012 첫 시집 『여전히 푸르고』 발간

- 저자주소

대전광역시 유성구 어은동 한빛아파트 123동 701호
전화 042-863-7087, 010-2270-7087
이메일 whkwak1937@yahoo.co.kr

여전히 푸르고

곽우희 시집

발 행 일 | 2012년 9월 7일
지 은 이 | 곽우희
발 행 인 | 李憲錫
발 행 처 | 오늘의문학사
출판등록 | 제55호(1993년 6월 23일)

주 소 | 대전광역시 동구 삼성1동 125-6 한밭오피스텔 401호
전화번호 | (042)624-2980
팩시밀리 | (042)628-2983
홈페이지 | http://www.lito77.co.kr(홈페이지)
전자우편 | hs2980@hanmail.net

공 급 처 | 한국출판협동조합
주문전화 | (070)7119-1741~2
팩시밀리 | (031)944-8234~6

ISBN 978-89-5669-515-0
값 10,000원